# Los perritos vienen y van

Linda Ekblad

Cinco perritos tiran de una cuerda y juegan.

Cuatro perritos se quedan a jugar.

Un perrito se va.
¿Cuántos perritos se quedan?

Tres perritos se quedan en la piscina.

Cinco perritos van a la piscina.
Dos perritos se van de la piscina.
¿Cuántos perritos se quedan en la piscina?

¡Uno! ¡Qué día!

Cuatro perritos se escapan.
¿Cuántos perritos se quedan?

Cinco perritos corren y juegan.

Dos perritos se van a jugar.

Tres perritos se quedan en la cama.
¿Cuántos perritos se van a jugar?

Cinco perritos se sientan en su cama.